VOCABULARIO
A1
ESPAÑOL

Y MUCHO MÁS

RAMÓN DÍEZ GALÁN

ÍNDICE

LISTA DE VERBOS

ABRIR	ACABAR	AMAR	ATACAR
AYUDAR	BAILAR	BAJAR	BAÑARSE
BEBER	BUSCAR	CAER	CALMAR
CAMBIAR	10 CAMINAR	CANTAR	CARGAR
CENAR	CERRAR	COCINAR	COGER
COMENZAR	COMER	COMPARAR	COMPRAR
CONDUCIR	CONOCER	CONSEGUIR	CONTAR
CONTINUAR	CORRER	CORTAR	COSTAR
CREAR	CREER	CUIDAR	DAR
10 DEBER	DECIDIR	DECIR	DEJAR
DESCANSAR	DESCRIBIR	DESEAR	DESTRUIR
DISCULPAR	DIVERTIR	DOLER	DORMIR
DURAR	ELEGIR	EMPEZAR	EMPUJAR
ENCANTAR	ENCONTRAR	ENSEÑAR	ENTENDER
ENTRAR	ESCONDER	ESCRIBIR	ESCUCHAR
ESPERAR	ESTAR	ESTUDIAR	EXPLICAR
EXTRAÑAR	FUNCIONAR	GANAR	GRITAR
GUSTAR	HABER	HABLAR	HACER
IMPORTAR	INTENTAR	IR	JUGAR
20 LAVAR	LEER	LIMPIAR	LLAMAR
LLEGAR	LLENAR	LLEVAR	LLORAR
LUCHAR	MANDAR	MENTIR	MIRAR
MORIR	MOVER	NECESITAR	NEGOCIAR
ODIAR	OFRECER	OLVIDAR	OÍR
PAGAR	PARAR	PASAR	PELAR
PELEAR	PENSAR	PERDER	PERDONAR
PERMITIR	PODER	PONER	PREFERIR
PREGUNTAR	PREPARAR	PROBAR	PROMETER
QUERER	RECIBIR	RECORDAR	REGALAR
30 REGRESAR	REPETIR	RESPONDER	SABER
SACAR	SALIR	SALTAR	SEGUIR
SENTIR	SER	SIGNIFICAR	SONAR
SOÑAR	TARDAR	TEMER	TENER
TERMINAR	TOMAR	TRABAJAR	TRAER
USAR	VENDER	VENIR	VER
VIAJAR	VISITAR	VIVIR	VOLVER

COMIDA Y BEBIDA

Estudia online, busca en Quizlet.com: *Clase con Ramón comida*.
O puedes jugar en tu ordenador, en la web: bit.ly/VCOMIDA

AGUA	PAN	LECHE
SAL	YOGURT	JAMÓN
PASTA	OLIVA	ENSALADA
ARROZ	QUESO	HUEVO

LIMÓN

CEREZAS

SANDÍA

MELÓN

PIÑA

GRANADA

MANZANA

PERA

PLÁTANO

FRESA

UVAS

NARANJAS

MELOCOTÓN

AGUACATE

FRAMBUESA

| CHAMPIÑONES | MAÍZ | BERENJENA |

| TOMATE | LECHUGA | CEBOLLA |

| ZANAHORIA | PIMIENTO | AJO |

| ESPÁRRAGOS | RÁBANO | COLIFLOR |

| CALABAZA | CALABACÍN | TARTA |

CARNE

POLLO

CORDERO

CERDO

TERNERA

CONEJO

PATO

BEICON

SALCHICHA

PESCADO

GAMBA

PULPO

CALAMAR

MEJILLÓN

LANGOSTA

HELADO	CAFÉ	ZUMO
CERVEZA	VINO	TÉ
PALOMITAS	MANTEQUILLA	ACEITE
CARAMELO	CHOCOLATE	AZÚCAR
HAMBURGUESA	TOSTADA	PATATAS FRITAS

· **Completa la tabla:**

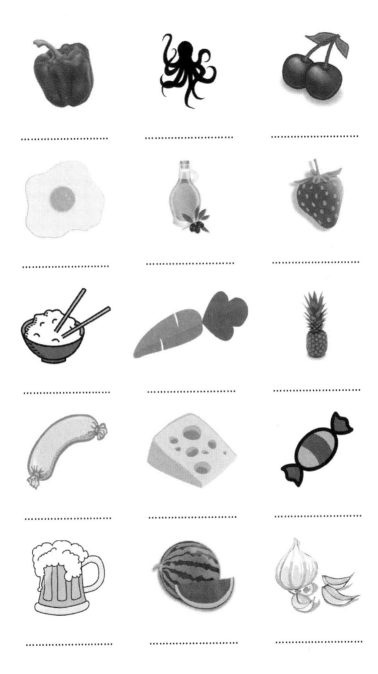

VERBOS

COMER
Yo hoy como pasta con salsa de tomate.

DESAYUNAR
Todas las mañanas, nosotros desayunamos tostadas y un vaso de leche.

CENAR
Mi amigo siempre cena muy tarde, esto no es sano.

COCINAR
Me gusta mucho cocinar, mi especialidad es la carne de cerdo con patatas.

BEBER
Mi padre siempre bebe el café con leche y sin azúcar.

COMPRAR
Voy a ir al supermercado para comprar un kilo de patatas.

· Completa las frases con los siguientes verbos:

desayunar, beber, cenar, cocinar, comprar, comer

1. De ………………. quiero un zumo de naranja.
2. Me gusta ………………. muy pronto por la mañana, antes de ir a trabajar.
3. Por la noche podemos ir a ………………. a un restaurante.
4. Quiero aprender a ………………., por eso voy a hacer un curso.
5. En el trabajo tenemos un descanso a las 14:00 para ………………
6. Fran, ¿puedes ir a la tienda y ………………. mantequilla?

Soluciones: 1 beber, 2 desayunar, 3 cenar, 4 cocinar, 5 comer, 6 comprar

· Completa la tabla:

EXPRESIONES

TENER HAMBRE
Tengo hambre, voy a comer un bocadillo.

TENER SED
Tengo sed, voy a beber un vaso de agua.

ESTAR RICO
Hmmm. ¡Qué rica está la ensalada! Me gusta mucho.

SER ALÉRGICO
No puedo comer tortilla de patatas porque soy alérgico al huevo.

COMPRAR EN UNA TIENDA
300 gramos de jamón y 200 gramos de queso, por favor.

EN CASA CON AMIGOS
Pedro, ¿me puedes pasar la sal?

NÚMEROS

Estudia online, busca en Quizlet.com: Clase con Ramón números 1 - 100.
O puedes jugar en tu ordenador, en la web: bit.ly/VNUMEROS

0 CERO	11 ONCE	30 TREINTA
1 UNO	12 DOCE	31 TREINTA Y UNO
2 DOS	13 TRECE	40 CUARENTA
3 TRES	14 CATORCE	42 CUARENTA Y DOS
4 CUATRO	15 QUINCE	50 CINCUENTA
5 CINCO	16 DIECISÉIS	60 SESENTA
6 SEIS	17 DIECISIETE	70 SETENTA
7 SIETE	18 DIECIOCHO	80 OCHENTA
8 OCHO	19 DIECINUEVE	90 NOVENTA
9 NUEVE	20 VEINTE	100 CIEN
10 DIEZ	21 VEINTIUNO	101 CIENTO UNO

200 DOSCIENTOS	800 OCHOCIENTOS
300 TRESCIENTOS	900 NOVECIENTOS
400 CUATROCIENTOS	1.000 MIL
500 QUINIENTOS	2.000 DOS MIL
600 SEISCIENTOS	10.000 DIEZ MIL
700 SETECIENTOS	1.000.000 UN MILLÓN

· Completa la tabla:

11	25	41
....	....	....
8	19	99
....	....	....
71	82	300
....	....	....
4.000	2.019	76
....	....	....
67	33	5
....	....	....
15	50	500
....	....	....

EXPRESIONES

TENER AÑOS
¿Cuántos años tienes?
Yo tengo treinta y nueve años.

DIRECCIONES
¿Dónde vive tu hermana?
Mi hermana vive en la calle Pizarro, número veinticuatro.

PRECIOS
¿Cuánto cuesta la camiseta?
La camiseta cuesta quince euros.

FECHAS
¿Cuándo es el examen?
El examen es el día dos de noviembre del año dos mil veinte.

HORAS
¿Qué hora es?
Son las cinco y veinticinco de la tarde.

NÚMERO DE TELÉFONO
¿Cuál es tu número de teléfono?
Mi teléfono es el: seis-cero-cinco-siete-uno-seis-dos-tres-uno.

EN CASA

Estudia online, busca en Quizlet.com: *Clase con Ramón en casa*.
O puedes jugar en tu ordenador, en la web: bit.ly/VCASA

MESA	SILLA	PUERTA
VENTANA	CAMA	LÁMPARA
ARMARIO	ALFOMBRA	SILLÓN
SOFÁ	TELEVISIÓN	ESTANTERÍA

JARRA	TAZA	OLLA
SARTÉN	MICROONDAS	HORNO
NEVERA	CAFETERA	PLANCHA
PLATO	TENEDOR	CUCHILLO
CUCHARA	VASO	COPA

LAVADORA

TOSTADORA

TABURETE

ESPEJO

FLORES

CHIMENEA

TOALLA

ESCALERA

ASCENSOR

PISCINA

CUADRO

ASPIRADORA

VÁTER

BAÑERA

DUCHA

· **Completa la tabla:**

VERBOS

LIMPIAR
Nosotros limpiamos la casa todos los domingos.

BAÑARSE
Me gusta mucho bañarme en la piscina cuando hace calor.

DECORAR
Este año no vamos a decorar mucho la casa por Navidad.

DORMIR
Me encanta dormir en mi cama, es la mejor del mundo.

PONER
Yo pongo la comida en el microondas y después la caliento.

VER
Todos los viernes por la noche, mi padre ve una película en la televisión.

· Completa las frases con los siguientes verbos:

> decorar, bañarme, ver, limpiar, poner, dormir

1. Lo que más me gusta del verano es ……………….. en la piscina.
2. Vamos a ……………… el partido de fútbol en casa de Juan.
3. Hay que ……………… los yogurts en la nevera.
4. Cuando estoy cansada me gusta ……………… en el sofá.
5. Hoy vamos a ……………….. la casa porque está muy sucia.
6. Mi mujer quiere ……………… el salón con estilo minimalista.

Soluciones: 1 bañarme, 2 ver, 3 poner, 4 dormir, 5 limpiar, 6 decorar.

EXPRESIONES

PONER LA LAVADORA
Hay mucha ropa sucia, tenemos que poner la lavadora.

PASAR LA ASPIRADORA
Si hoy tienes tiempo libre puedes pasar la aspiradora por la alfombra.

TENER INVITADOS
Mañana es el cumpleaños de mi hija y vamos a tener muchos invitados.

QUEDARSE DORMIDO
Cuando estoy muy cansado, me quedo dormido en la mesa de la cocina.

SACAR LA BASURA
Por la noche, mi marido siempre saca la basura y la tira al contenedor.

COLORES

Estudia online, busca en Quizlet.com: <u>Clase con Ramón colores.</u>
O puedes jugar en tu ordenador, en la web: <u>bit.ly/VCOLORES</u>

Rojo – red

Azul – blue

Verde – green

Amarillo – yellow

Negro – black

Blanco - white

Gris – grey

Rosa – pink

Marrón - brown

Violeta - violet

Naranja – orange

Mi coche <u>es</u> de color blanco.
Voy a <u>colorear</u> este dibujo.
Quiero <u>pintar</u> las paredes de color verde claro.
Las manzanas <u>son</u> de color rojo.
Ella <u>tiene</u> los ojos verdes.
Las morenas <u>tienen</u> el pelo negro.

EJERCICIOS

 Marca la columna correcta para cada palabra.

	NÚMEROS	EN CASA	COMIDA
DOCE			
CEREZAS			
ASPIRADORA			
TREINTA			
ASCENSOR			
QUINCE			
PLÁTANO			
PLANCHA			
MANTEQUILLA			
SARTÉN			
SILLA			
CINCUENTA			
PISCINA			
AZÚCAR			
ESPEJO			

Soluciones:
Números: doce, treinta, quince, cincuenta.
En casa: aspiradora, ascensor, plancha, sartén, silla, silla, piscina, espejo.
Comida: cerezas, plátano, mantequilla, azúcar.

Lee las definiciones y escribe la palabra.

1. Es un líquido, normalmente se bebe caliente, es de color marrón, se puede beber solo o con leche. A los niños pequeños no les gusta esta bebida, se puede beber con azúcar.

¿Qué es? ……………………………………..

2. Es un número, va después del dieciocho y antes del número veinte. Es el resultado de sumar diez más nueve.

¿Qué es? ……………………………………..

3. Es un mueble, está en la habitación, se utiliza para dormir, puede ser grande o pequeño, es muy importante en una casa, si este mueble no es cómodo y de buena calidad las personas pueden tener problemas en la espalda.

¿Qué es? ……………………………………..

4. Es una fruta, normalmente en España se come en verano, es muy grande, es de color verde por fuera y de color rojo por dentro. Tiene mucha agua y está deliciosa, es muy dulce. Es similar a un melón, pero es más grande.

¿Qué es? ……………………………………..

Soluciones:
1. El café
2. El diecinueve
3. La cama
4. La sandía

Escucha la canción y completa los huecos.

La casa por el tejado, Fito y Fitipaldis

Ahora sí, parece que ya empiezo a entender.
Las (1)......................... importantes aquí
son las que están detrás de la piel.
Y todo lo demás empieza donde acaban mis pies, (2)......................... de
mucho tiempo aprendí que hay cosas que mejor no aprender.

El colegio poco me enseñó,
si es por esos (3)......................... nunca aprendo
a coger el cielo con las manos
a reír y a llorar lo que te canto
a coser mi alma rota,
a perder el miedo a quedar como un idiota.
Y a (4)......................... la casa por el tejado,
a poder dormir cuando tú no estás a mi lado,
menos mal que fui un poco granuja,
(5)......................... lo que sé me lo enseñó una bruja.

Ruinas... ¿no ves que por dentro estoy en ruinas?
Mi cigarro va quemando el (6).........................,
tiempo que se convirtió en cenizas.
Raro, no digo diferente digo raro,
ya no sé si el (7)......................... está al revés
o soy yo el que está cabeza abajo.

* Estribillo

Soluciones: 1 cosas, 2 después, 3 libros, 4 empezar, 5 todo, 6 tiempo, 7 mundo

Traduce las siguientes frases al español

1. I only have twenty euros in my bank.

....

2. My favourite fruits are oranges.

....

3. I need to buy a new table for my kitchen.

....

4. This chair costs fifteen euros.

....

5. Every Monday I cook sausages with onion and garlic.

....

6. The shower is in the bathroom.

....

Soluciones:
1. Solo tengo veinte euros en mi banco.
2. Mis frutas favoritas son las naranjas.
3. Necesito comprar una mesa nueva para mi cocina.
4. Esta silla cuesta quince euros.
5. Todos los lunes cocino salchichas con cebolla y ajo.
6. La ducha está en el baño.

EL PEQUEÑO RAMONEK

 Buenos días, mi nombre es Ramonek, tengo trece meses y soy un niño muy bueno.

Mi papá es español y mi mamá es polaca. A mi papá le gusta mucho escribir libros, mi mamá prefiere hablar con sus amigas por teléfono mucho tiempo.

Yo como mucho, siempre desayuno leche, más tarde, a las 14:00 como algo de carne o pescado y por la noche me gusta tomar una sopa.

Mi casa es pequeña, pero tiene un salón muy bonito, yo duermo en la misma habitación que mi papá y mi mamá, ellos tienen una cama muy grande y me gusta dormir en el centro, con mi cabeza en la barriga de mi mamá y mis pies en la cara de mi papá.

Preguntas:

1. El pequeño Ramonek tiene…
a) más de un año.
b) menos de un año.
c) dos años y medio.

2. Los padres son…
a) de diferentes edades.
b) de diferentes países.
c) del mismo país.

3. Ramonek…
a) siempre cena carne o pescado.
b) toma leche por las mañanas.
c) come en el salón de su casa.

Soluciones: 1a, 2b, 3b

Test

1. Los plátanos son de color ....
a) amarillo   b) verde   c) rojo   d) azul

2. El número 15 se escribe ....
a) cincuenta   b) quince   c) quinientos   d) cinco

3. Las calabazas son ....
a) frutas   b) muebles   c) verduras   d) grises

4. Ana tiene 12 años, yo tengo 2 años más, tengo .... años.
a) once   b) doce   c) catorce   d) diez

5. Yo guardo mi ropa en el ....
a) horno   b) ordenador   c) nueve   d) armario

6. Para comer utilizamos un .... y un tenedor.
a) cuchillo   b) cero   c) teléfono   d) ojo

7. El número 100 se escribe ....
a) mil   b) cien   c) cero   d) diez

8. Las fresas son de color ....
a) azul   b) blanco   c) rojo   d) negro

9. Para entrar en casa hay que abrir la ....
a) puerta   b) nevera   c) ducha   d) mesa

10. Me gusta mucho beber .... por las mañanas.
a) ventana   b) silla   c) leche   d) pera

Soluciones: 1a, 2b, 3c, 4c, 5d, 6a, 7b, 8c, 9a, 10c

Escucha el Audio 1 en el vídeo de YouTube "Vocabulario español A1. Spanish listening practice 2020" y elige la opción correcta.

		A. JUAN	B. ANA	C. NINGUNO
1.	¿Quién tiene más años que la otra persona?	☐	☐	☐
2.	¿Quién dice que le gustan las verduras?	☐	☐	☐
3.	Tiene una alfombra nueva de color verde.	☐	☐	☐
4.	Tiene muebles nuevos en el salón.	☐	☐	☐
5.	¿Quién no tiene una bañera en el aseo?	☐	☐	☐
6.	No puede beber leche porque tiene un problema de salud.	☐	☐	☐

Soluciones: 1a, 2b, 3c, 4b, 5b, 6a.

Selecciona una imagen para cada uno de los textos.

1. Me llamo Tokio, tengo siete años, todos los martes voy a nadar con mis amigos a la piscina de mi tía Inés. Me gusta mucho ir al cine para ver películas de acción. Siempre como frutas y bebo leche.

2. Mi nombre es Berlín, vivo en una ciudad grande. Me encanta jugar al ordenador y comer pasta con tomate, normalmente bebo cerveza. Viajo mucho por mi país, siempre en tren.

3. Hola, soy Río. Tengo los ojos verdes y soy muy inteligente, mi mamá dice que es porque leo muchos libros. En invierno siempre voy a esquiar con mi familia a las montañas. Mi comida preferida es el pescado.

4. Buenos días, mis amigos me llaman Denver. Hago mucho deporte, soy un poquito bajo, pero juego al baloncesto. Me gusta viajar a las islas, lo mejor es ir en avión. Por las noches, siempre ceno huevos fritos.

Soluciones: 1c, 2d, 3a, 4b

SOPA DE LETRAS

Busca:

· **Tres números**

· **Tres cosas que se pueden comer**

· **Tres cosas que están en casa**

```
C A L A B A Z A E U H L G M E Y
U S H Q S R A O O K H V I S Y A
M D V U N T M X Y Y O K E Y I J
L O F I I U Q T Y U O Z I U N I
Y S M N H E O J F L E O E C T S
O C U C M U I I D A G O V C A P
M I U E A P E J E X A J O O E Z
A E N A E Z I Z V O Z L J C V R
H N X R A R M A R I O A E N P L
U T H U V P O Q F I T M N X N O
T O M A T E V U E J F P F G I U
G S N E V E R A Y A K A T T Y K
D I E C I O C H O S C R U O L U
Q U E S O F O H I D A P O K I
S X K I F Y D X V E E K Y L G L
O E Y X B B L Q H A P A K G A I
```

FAMILIA

Estudia online, busca en Quizlet.com: <u>Clase con Ramón familia.</u>
O puedes jugar en tu ordenador, en la web: <u>bit.ly/VFAMILIA</u>.

Padre/papá – Father/dad

Madre/mamá – Mother/mum

Hermano/a – Brother/sister

Hijo/a – Son/daughter

Abuelo/a – Grandfather/Grandmother

Primo/a - Cousin

Tío/a – Uncle/aunt

Sobrino/a – Nephew/niece

Marido/esposo - Husband

Mujer/esposa - Wife

Novio/a – Boyfriend/girlfriend

Bebé - Baby

Pareja - Couple

Cuñado/a – Brother in law/sister in law

Suegro/a – Father in law/mother in law

Nieto/a – Grandson/ granddaughter

Mi mujer y yo <u>estamos casados</u> desde hace dos años.
El padre de mi mujer <u>es mi suegro</u>.
Cuando <u>los niños nacen</u> son bebés.
En España <u>son legales las bodas</u> entre parejas del mismo sexo.
Mi abuela <u>es mayor que</u> mi tía.
El <u>hermano de mi mujer</u> es mi cuñado.
Los <u>padres de mis primos</u> son mis tíos.

VERBOS

CASARSE
Yo me voy a casar la próxima semana, la boda va a ser en mi pueblo.

DIVORCIARSE
Los padres de Marco se van a divorciar, es una pena.

NACER
Tenemos que ir rápidamente al hospital, el niño está a punto de nacer.

MORIR
El abuelo de Ana está muy enfermo, parece que se va a morir pronto.

REUNIRSE
Yo me reúno con mi familia una vez a la semana.

AMAR
Amo a mi familia muchísimo.

· Completa las frases con los siguientes verbos:

casarse, divorciar, reunirme, muere, nacen

1. Me encanta .... con mis amigos para hacer barbacoas.
2. Normalmente, los niños .... en el hospital.
3. Lo común entre los católicos es .... en la iglesia.
4. Cuando una persona ...., su familia organiza un funeral.
5. Nosotros tenemos muchos problemas, nos vamos a ....

Soluciones: 1 reunirme, 2 nacen, 3 casarse, 4 muere, 5 divorciar

33

EXPRESIONES

ESTAR ENAMORADO DE ALGUIEN
Él está enamorado de María, todo el día habla sobre ella.

DISCUTIR CON ALGUIEN
No me gusta discutir con mi familia, por eso no hablamos de política.

TENER HIJOS
Yo quiero tener dos hijos antes de cumplir treinta años.

FORMAR UNA FAMILIA
Formar una familia sin tener un trabajo es muy difícil.

ROMPER UNA RELACIÓN
Julia va a romper con Raúl, ya no quiere estar más con él.

TRANSPORTES

Estudia online, busca en Quizlet.com: Clase con Ramón transportes.
O puedes jugar en tu ordenador, en la web: bit.ly/VTRANSPORTES.

COCHE   MOTO   BICICLETA

AUTOBÚS   TREN   AVIÓN

HELICÓPTERO   BARCO   TRANVÍA

PATINES   SILLA DE RUEDAS   CAMIÓN

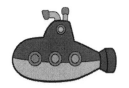

SUBMARINO

GLOBO

GASOLINERA

RUEDA

BILLETE DE AVIÓN

METRO

TAXI

CASCO

MALETA

CABALLO

MOTOR

CARRITO

CARRETERA

CARRUAJE

NAVE ESPACIAL

· **Completa la tabla:**

VERBOS

IR
Yo voy en coche al trabajo todos los días.

CONDUCIR
Para ir a la casa de mis abuelos tengo que conducir más de tres horas.

RETRASARSE
Él se retrasa frecuentemente, siempre llega tarde.

REPARAR
El mecánico dice que no puede reparar mi coche.

PERDER
Si no salimos ya de casa vamos a perder el tren.

VIAJAR
Me gusta mucho viajar en avión, es rápido y cómodo.

· Completa las frases con los siguientes verbos:

> perder, reparar, retrasar, ir/viajar, conducir

1. Mi moto no funciona, la tengo que ………………..
2. Vamos rápido, que no quiero ……………… el autobús de las 17:00.
3. El vuelo de las 17:00 se va a ……………… 2 horas y media.
4. No se puede ……………… el coche después de beber alcohol.
5. Este verano vamos a ……………… a España.

Soluciones: 1 reparar, 2 perder, 3 retrasar, 4 conducir, 5 ir/viajar

EXPRESIONES

COMPRAR BILLETES
Dos billetes de ida y vuelta a Sevilla, por favor.

LLEGAR A LAS...
El avión de París llega a las 18:00.

SALIR A LAS...
El primer tren sale a las 10:30 de la mañana.

PONER GASOLINA
Tenemos que poner gasolina, voy a parar en la próxima gasolinera.

RESERVAR BILLETES
Nosotros siempre reservamos los billetes de avión por Internet.

DEPORTES

Estudia online, busca en Quizlet.com: *Clase con Ramón deportes*.
O puedes jugar en tu ordenador, en la web: bit.ly/VDEPORTES.

GOLF	FÚTBOL	BALONCESTO
YOGA	TENIS	VOLEIBOL
PELOTA	RAQUETA	ESTADIO
BOLOS	CORRER	NADAR

BUCEAR

HACER SNOWBOARD

ESQUIAR

PATINAR

GUANTES DE BOXEO

PATINES

TABLA DE SURF

ESCALAR

BOLA DE BILLAR

CARTAS

SALTAR

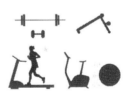

GIMNASIO

AJEDREZ

TROFEO

MEDALLA

| PÚBLICO | MONTAR EN BICICLETA | PARACAÍDAS |

| TORO | TORERO | ESTAR LESIONADO |

| BÉISBOL | DARDO | BAILAR |

| EQUIPO | BANDERA | CARRERA |

| PELEAR | PESCAR | CAZAR |

VERBOS

ENTRENAR
Yo entreno todos los martes y jueves con mi equipo de fútbol.

GANAR
Cuando gano un partido estoy muy feliz.

PERDER
Cuando pierdo un partido estoy muy triste.

JUGAR
Me encanta jugar al baloncesto con mis amigos de la escuela.

VER
Tenemos que volver a casa antes de las nueve para ver el partido.

PARTICIPAR
El próximo sábado, Juan va a participar en una carrera muy importante.

· Completa las siguientes frases con los siguientes verbos:

ver, entrenar, ganar, jugar, participar, perder

1. Esta noche vamos a .... la carrera de motos en la televisión.
2. No puedo .... el partido de fútbol porque me duele la pierna.
3. Tenemos que .... mucho para ser mejores y ganar más.
4. Creo que, si jugamos bien, vamos a ....
5. Es un partido muy importante, no lo podemos ....
6. Quiero .... en el torneo de ajedrez.

Soluciones: 1 ver, 2 jugar, 3 entrenar, 4 ganar, 5 perder, 6 participar.

· **Completa la tabla:**

EXPRESIONES

ESTAR LESIONADO
No puedo correr porque estoy lesionado, tengo una pierna rota.

SER EL MEJOR
Mi padre dice que Leo Messi es el mejor jugador del mundo.

LLEGAR EL PRIMERO
Él siempre gana las carreras porque llega el primero.

ANIMAR AL EQUIPO
Todos los domingos, vamos al estadio para animar a nuestro equipo.

MARCAR UN GOL
Yo estoy muy feliz cada vez que marco un gol.

SER IMPORTANTE
Lo importante no es ganar, sino disfrutar del deporte con amigos.

PROFESIONES

Estudia online, busca en Quizlet.com: *Clase con Ramón profesiones*.
O puedes jugar en tu ordenador, en la web: bit.ly/VPROFESIONES

PROFESOR	MÉDICO	PILOTO
POLICÍA	DETECTIVE	JARDINERO
AGRICULTOR	VETERINARIO	COCINERO
CAMARERO	SECRETARIA	TELEFONISTA

ARQUITECTO

OBRERO

FONTANERO

PANADERO

ASTRONAUTA

PAYASO

ENFERMERA

DENTISTA

PELUQUERO

ÁRBITRO

JUEZ

CARTERO

PINTOR

MECÁNICO

FOTÓGRAFO

EMPRESARIO

CIENTÍFICO

MÚSICO

ESCRITOR

PESCADOR

CURA

MONJA

MINERO

CANTANTE

VENDEDOR

PRESIDENTE

TAXISTA

LADRÓN

MILITAR

BAILARINA

VERBOS

TRABAJAR
Yo trabajo en el sector de la construcción desde hace 10 años.

EMPLEAR
Esta empresa es muy grande, emplea a muchos trabajadores.

ENCONTRAR
Yo quiero encontrar un trabajo nuevo, el mío no me gusta.

DESPEDIR
Dicen que van a despedir a Marta porque no trabaja bien.

FIRMAR
El próximo martes voy a firmar mi nuevo contrato.

COBRAR
El fontanero cobra 50 € por reparar la ducha.

· Completa las frases con los siguientes verbos:

cobrar, firmar, despedir, emplear, trabajar, encontrar

1. Antes de .... el contrato, debes leerlo bien.
2. Quiero ser médico para .... 20 euros por hora.
3. El jefe quiere .... a su secretaria y buscar una nueva.
4. Mañana es mi cumpleaños, no quiero ...., prefiero descansar.
5. Las grandes empresas pueden .... a más de 1000 personas.
6. Para .... trabajo, lo mejor es buscar en internet.

Soluciones: 1 firmar, 2 cobrar, 3 despedir, 4 trabajar, 5 emplear, 6 encontrar.

· Completa la tabla:

....

....

....

....

....

EXPRESIONES

GANAR DINERO
Las personas trabajan porque quieren ganar dinero.

HACER HORAS EXTRA
Este mes tenemos mucho trabajo y, por eso, hago muchas horas extra.

ESTAR DE BAJA
Estoy enfermo y no puedo ir al trabajo, estoy de baja.

SER UN BUEN/MAL TRABAJADOR
Pepe es muy buen trabajador, el jefe está muy contento con él.

DEJAR EL TRABAJO
Mi amigo va a dejar el trabajo el próximo martes, no quiere continuar.

HACER PRÁCTICAS
Después de la universidad, quiero hacer prácticas en una empresa.

EJERCICIOS

 Marca la columna correcta para cada palabra.

	DEPORTES	TRANSPORTES	PROFESIONES
CAMARERO			
PELOTA			
VENDEDOR			
RAQUETA			
AVIÓN			
BARCO			
ESTADIO			
AGRICULTOR			
TREN			
EQUIPO			
MOTO			
ENFERMERA			
PINTOR			
VOLEIBOL			
DETECTIVE			

Soluciones:
Deportes: pelota, raqueta, estadio, equipo, voleibol.
Transportes: avión, barco, tren, moto.
Profesiones: camarero, vendedor, agricultor, enfermera, pintor, detective.

Lee las definiciones y escribe la palabra.

1. Es una persona, trabaja en una clínica, gana mucho dinero, te ayuda a tener los dientes bonitos. Si tienes dolor de muelas puedes ir a visitarle. A los niños no les gusta mucho ir a su consulta porque tienen miedo.

¿Qué es? ....

2. Son las personas que van al estadio para ver un partido de fútbol, de baloncesto o de cualquier otro deporte. Normalmente pagan una entrada para poder entrar al estadio. Animan a su equipo y disfrutan del deporte en directo.

¿Qué es? ....

3. Es una cosa redonda, normalmente de color negro. Los coches tienen cuatro y las motos tienen dos. Todos los transportes tienen esto, menos los barcos y los submarinos.

¿Qué es? ....

4. Es una profesión, esta persona repara los coches y las motos, trabaja en un taller. Después de trabajar, normalmente tiene las manos muy sucias.

¿Qué es? ....

Soluciones:
1. El dentista
2. El público
3. La rueda
4. El mecánico

Escucha la canción y completa los huecos.

La venda, Miki Núñez

Te compran (1)..................... te vendes.
Te vendes porque te sobras.
Te pierdes porque hay (2).....................
Te digo, hay otras cosas.
Te sales porque te (3).....................
Te quieres, tu mente en forma.
Te eliges porque hay camino.
Te digo, hay otras (4).....................

La venda ya cayó,
y solo quedó la alegría.
La venda ya cayó,
y empezarán (5)..................... días.
La venda ya cayó,
avivando fantasías.
La venda ya cayó,
y serás (6)..................... querías.

Te rezas porque confías.
Te sientes (7)..................... ya tenías.
Te vives, alto voltaje.
Te traje (8)..................... noticias.
Te vales y ya no fuerzas.
Te vives y te interesas.
Te saltas, no quedan normas.
(9)....................., la vida loca.

*Estribillo

Soluciones: 1 porque, 2 camino, 3 quieres, 4 cosas, 5 nuevos, 6 como, 7 que, 8 buenas, 9 ahora

Traduce las siguientes frases al español

1. I go to the stadium with my father.

....

2. I want to buy a new bicycle.

....

3. The gardener works in the garden.

....

4. I always travel by plane.

....

5. I play basketball every Tuesday with my friends.

....

6. To work as a baker is very hard.

....

Soluciones:
1. Voy al estadio con mi padre.
2. Quiero comprar una bicicleta nueva.
3. El jardinero trabaja en el jardín.
4. Siempre viajo en avión.
5. Juego al baloncesto todos los martes con mis amigos.
6. Trabajar como panadero es muy duro.

EL PEQUEÑO RAMONEK

 Yo viajo mucho entre España y Polonia, casi siempre en avión. Todos los días voy en coche a la guardería. Cuando hace buen tiempo, paseo con mi bicicleta por el parque. De mayor quiero tener una moto, me gustan muchísimo las motos, especialmente las rápidas.

Mi papá da clases de español, trabaja en una escuela con niños y también en la universidad. Mi mamá trabaja en una oficina. Ellos vuelven a casa muy cansados, pero siempre quieren jugar conmigo y con mis coches.

Yo juego al fútbol los miércoles y viernes, lo que más me gusta del entrenamiento es que, al final, el entrenador nos regala unos caramelos. Correr está bien, pero comer dulces es mucho mejor.

Preguntas:

1. Al pequeño Ramonek...
a) le gusta ir rápido a la guardería.
b) le encantan las motos.
c) no le gusta ir al parque a pasear.

2. El padre de Ramonek...
a) es un niño.
b) es camarero.
c) es profesor.

3. Ramonek...
a) es entrenador de fútbol.
b) juega al fútbol dos veces a la semana.
c) come dulces antes de entrenar.

Soluciones: 1b, 2c, 3b

Test

1. El hijo de mi hermano es mi ………………..
a) abuelo   b) primo   c) sobrino   d) tío

2. Un …………… viaja al espacio en una nave espacial.
a) astronauta   b) agricultor   c) camarero   d) cura

3. Se puede …………… en las montañas cuando hay nieve.
a) esquiar   b) nadar   c) bucear   d) pescar

4. El …………… puede estar bajo el agua.
a) avión   b) submarino   c) estadio   d) tren

5. El padre de mi padre es mi ……………..
a) tío   b) cuñado   c) suegro   d) abuelo

6. Voy a participar en una ……………, voy a correr 21 kilómetros.
a) carrera   b) raqueta   c) fiesta   d) clase

7. Los taxis en Nueva York son de color ……………..
a) amarillo   b) azul   c) verde   d) rojo

8. El …………… trabaja en un laboratorio de investigación.
a) cocinero   b) banquero   c) científico   d) ladrón

9. La …………… le corta el pelo a las personas.
a) azafata   b) camarera   c) profesora   d) peluquera

10. La …………… tiene dos ruedas.
a) bicicleta   b) barca   c) ventana   d) gata

Soluciones: 1c, 2a, 3a, 4b, 5d, 6a, 7a, 8c, 9d, 10a

Escucha el Audio 2 en el vídeo de YouTube "Vocabulario español A1. Spanish listening practice 2020" y di si las siguientes frases son verdaderas (V) o falsas (F).

		V	F
1.	Arturo trabaja en el mismo lugar que sus familiares.		
2.	El hombre dice que normalmente utiliza el transporte público.		
3.	Todos los cuadros que hace Arturo tienen el mismo precio.		
4.	Arturo cree que va a vender el cuadro de Alicante sin problemas.		
5.	El hombre dice que normalmente hace deporte dos veces a la semana.		
6.	Arturo es mucho mejor que su primo jugando al tenis.		

Soluciones: 1f, 2v, 3f, 4v, 5v, 6f.

Relaciona los anuncios de coches con las siguientes frases.

A		Vendo mi coche, es de color rojo y tiene muy pocos años. A mi mujer le gusta comprar mucha ropa nueva y, por eso, necesitamos dinero. Precio: 50.000 €
B		¿Quieres comprar este fantástico coche? Casi te lo regalo, el precio es muy bajo. Tiene algunos problemas mecánicos, pero con una pequeña reparación todo se queda perfectamente. Tienes que pagarme 750 € por el coche.
C		Se vende coche de segunda mano. Estilo clásico. Tiene 40 años, pero está completamente renovado. Un vehículo especial para directores de empresa. El coche cuesta 20.000 €, pero podemos negociar el precio.
D		El coche perfecto para ir de vacaciones en pareja, es muy cómodo y elegante. Tiene un motor italiano y es de color negro. ¿Te interesa? Precio: 37.500 €

1.	Es muy barato.	
2.	Es un buen coche para viajar con tu novia.	
3.	El coche es casi nuevo.	
4.	Aunque es viejo, es perfecto para jefes.	

Soluciones: 1b, 2d, 3a, 4c.

SOPA DE LETRAS

Busca:

· **Tres transportes**

· **Tres deportes**

· **Tres profesiones**

```
O W Y E C D S E B E O Z W A R R
B O E O I A U N A S O E G H N A
R L O I E E B E R C Y F U G Y P
D D W Y N W M I C R E W A Q O B
W O Y N T J A V O I X Y I X A S
M X O A I K R M A T S A B T J Y
T E G U F Y I E B O D R R T R Z
Z C E K I H N N L R A V I O N E
W O R N C K O S U S W Y Y E I K
O C P U O P S Q O I R A I S O H
F T E N I S P R O F G O L F Q Q
M I N E R O J F I A M N Z O I O
P B T C O T S E A U L Q G B Z N
N J W A U H Y K I A Y L L U T F
B A L O N C E S T O T K Y G K A
A S T N A A Y Q W O Y T A Y Z Z
```

ROPA

Estudia online, busca en Quizlet.com: *Clase con Ramón ropa*.
O puedes jugar en tu ordenador, en la web: bit.ly/VROPA.

CAMISETA   PANTALONES   ZAPATOS

BOLSO   GUANTES   SOMBRERO

CALCETINES   SANDALIAS   FALDA

GAFAS   CHAQUETA   VESTIDO

BOTAS   PIJAMA   GORRO

GORRA   CORBATA   TRAJE

RELOJ   CHALECO   BUFANDA

UNIFORME   CINTURÓN   ZAPATOS DE TACÓN

BAÑADOR   BRAGAS   CALZONCILLOS

· Completa la tabla:

VERBOS

VESTIRSE
Todos los días me visto después de desayunar.

PROBARSE
Me gusta mucho esta falda, me la voy a probar.

NECESITAR
Necesito unos pantalones nuevos.

DEVOLVER
Mi camiseta nueva tiene un defecto, la voy a devolver a la tienda.

COLGAR
Puedes colgar tus chaquetas aquí, en el perchero.

PLANCHAR
Tengo que planchar mi vestido para ir a la fiesta.

· Completa las frases con los siguientes verbos:

devolver, planchar, me visto, colgar, probarme, necesita

1. Tenemos un cuadro nuevo, lo vamos a .... en la pared.
2. Mi mujer .... un bolso nuevo porque el suyo está roto.
3. ¿Dónde están los probadores? Quiero .... estas camisetas.
4. Ten cuidado al ...., los niños están cerca y se pueden quemar.
5. Después de hacer deporte, me ducho y ....
6. Compro ropa por Internet porque si no me gusta la puedo ....

Soluciones: 1 colgar, 2 necesita, 3 probarme, 4 planchar, 5 me visto, 6 devolver.

EXPRESIONES

QUEDAR BIEN/MAL
Este vestido nuevo me queda muy bien, pero es un poco caro.

PAGAR EN EFECTIVO/PAGAR CON TARJETA
Perdone, ¿en esta tienda se puede pagar con tarjeta?

DEMASIADO GRANDE/PEQUEÑO
Esta camiseta es demasiado grande, ¿me puede dar una talla menos?

SER UNA GANGA
Esta chaqueta tiene un descuento del 80%. ¡Es una ganga!

PEDIR UNA BOLSA
¿Me puede dar una bolsa, por favor?

VIAJES

Estudia online, busca en Quizlet.com: _Clase con Ramón viajes_.
O puedes jugar en tu ordenador, en la web: bit.ly/VVIAJES.

MALETA	BILLETE DE AVIÓN	RECEPCIÓN
ESTACIÓN DE TRENES	AEROPUERTO	ESTATUA
PIRÁMIDE	TORRE	IGLESIA
CASTILLO	MONTAÑAS	MONTAÑA RUSA

PLAYA

RÍO

LAGO

ALOJAMIENTO

TIENDA DE CAMPAÑA

CARAVANA

SACO DE DORMIR

MOCHILA

MONEDA

BILLETE

TARJETA DE CRÉDITO

DINERO

LLAVE

MUSEO

SEÑAL

BANCO · PARQUE PARAGUAS

SOMBRILLA PROTECTOR SOLAR PISCINA

FLOTADOR MERCADO SEMÁFORO

TRINEO ESQUÍS EXCURSIÓN

ISLA PALMERA SOL

· **Completa la tabla:**

VERBOS

NADAR
Yo nado todos los días en la piscina del hotel.

RESERVAR
Tenemos que reservar los billetes de avión por Internet.

PAGAR
No tengo monedas ni billetes. ¿Puedo pagar con tarjeta de crédito?

VIAJAR
En verano voy a viajar con mi familia a México.

ESQUIAR
Si este invierno hay nieve, vamos a ir a esquiar a las montañas.

BUSCAR
Busco un banco para poder sacar dinero.

· Completa las frases con los siguientes verbos:

> viajar, pago, nadar, esquiar, buscar, reservar

1. Yo compro una camiseta, voy a la caja y ……………… 20 euros.
2. Tenemos mucha hambre, tenemos que ……………… un restaurante.
3. Quiero …………….. una habitación doble para esta noche.
4. En enero se puede …………….. en las pistas de esquí de Sierra Nevada.
5. Para …………….. en la piscina pública hay que utilizar un gorro.
6. Voy a …………….. por primera vez a Tenerife.

Soluciones: 1 pago, 2 buscar, 3 reservar, 4 esquiar, 5 nadar, 6 viajar.

EXPRESIONES

CAMBIAR DINERO
Para ir a Estados Unidos tenemos que cambiar euros por dólares.

ESTAR PERDIDO
Perdone, estamos perdidos y no sabemos dónde está nuestro hotel.

HACER FOTOS
A nosotros nos gusta mucho hacer fotos durante nuestros viajes.

PEDIR LA CUENTA
¡Camarero! La cuenta, por favor.

PREGUNTAR POR LA LOCALIZACIÓN
¿Dónde está la estación de autobuses?

EN CLASE

Estudia online, busca en Quizlet.com: Clase con Ramón en clase.
O puedes jugar en tu ordenador, en la web: bit.ly/VENCLASE.

PROFESOR	PIZARRA	LÁPIZ
BOLÍGRAFO	LIBRO	MOCHILA
CUADERNO	REGLA	GOMA
SACAPUNTAS	TIJERAS	PEGAMENTO

RELOJ

PAPELERA

CALCULADORA

GRAPADORA

CLIP

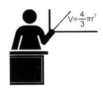

MATEMÁTICAS

INGLÉS

EDUCACIÓN FÍSICA

GEOGRAFÍA

CALENDARIO

APROBAR

SUSPENDER

IMPRESORA

QUÍMICA

FÍSICA

VERBOS

ESTUDIAR
Yo estudio mucho cuando tengo exámenes.

PREGUNTAR
Cuando no entiendo algo, le pregunto al profesor.

CORTAR
Utilizo las tijeras para cortar.

PEGAR
Utilizo el pegamento para pegar.

IMPRIMIR
Tengo que imprimir unos documentos para llevarlos a clase.

CORREGIR
El profesor va a corregir nuestros exámenes este fin de semana.

· Completa las frases con los siguientes verbos:

cortar, corregir, pegar, preguntar, estudiar, imprimir

1. La pata de la silla está rota, la voy a ………………… con pegamento.
2. La próxima semana hay un examen, tengo que ……………… mucho.
3. Necesito tener el documento en papel, pero no lo puedo ………………..
porque no tengo mi ordenador.
4. El trabajo de los profesores es más duro de lo que parece, por las
noches tienen que ……………. los ejercicios y exámenes de los alumnos.
5. Tengo el pelo demasiado largo, me lo quiero ………………..
6. No sé dónde está mi hotel, le voy a ……………… a este chico.

Soluciones: 1 pegar, 2 estudiar, 3 imprimir, 4 corregir, 5 cortar, 6 preguntar.

· **Completa la tabla:**

EXPRESIONES

POR LA MAÑANA/TARDE/NOCHE
No me gusta estudiar por la noche, al día siguiente estoy cansada.

REPASAR UN TEMA
He estudiado todo, pero hay una cosa que quiero repasar.

EMPEZAR/TERMINAR LAS CLASES
Yo empiezo las clases a las 8:00 y termino a las 16:00.

PREPARAR LAS CLASES
Los profesores pasan mucho tiempo preparando las clases.

COPIAR EN EL EXAMEN
Si copias en el examen el profesor se va a enfadar.

SACAR BUENA/MALA NOTA
Yo soy muy buen estudiante y siempre saco buenas notas.

EJERCICIOS

Marca la columna correcta para cada palabra.

	ROPA	EN CLASE	VIAJES
CALCETINES			
BOLÍGRAFO			
MALETA			
ZAPATOS			
PEGAMENTO			
TIJERAS			
FALDA			
IMPRESORA			
VESTIDO			
AEROPUERTO			
ALOJAMIENTO			
CAMISETA			
PIZARRA			
INGLÉS			
GUANTES			

Soluciones:
Ropa: calcetines, zapatos, falda, vestido, camiseta, guantes.
En clase: bolígrafo, pegamento, tijeras, impresora, pizarra, inglés.
Viajes: maleta, aeropuerto, alojamiento, .

Lee las definiciones y escribe la palabra.

1. Es un objeto o una herramienta, normalmente es de metal, pero para los niños también puede ser de plástico, se utiliza para cortar papel. Los peluqueros también utilizan esto para cortar el pelo.

¿Qué es? ……………………………………..

2. Es una cosa muy importante en la vida de las personas, la gente trabaja para recibir esto. Pueden ser monedas, billetes o también puede ser electrónico. La gente lo utiliza para pagar en las tiendas. Puedes tener esto en un banco.

¿Qué es? ……………………………………..

3. Es un complemento de ropa. A las mujeres les encanta comprarlo y muchas de ellas los coleccionan. Dentro de esto se pueden guardar muchas cosas, por ejemplo, el teléfono, la cartera, las llaves, etc. Los hombres tienen problemas para encontrar cosas dentro de esto.

¿Qué es? ……………………………………..

4. Es un lugar donde las personas van para comprar frutas, verduras, ropa y otros artículos. Muchas veces está en las calles o en las plazas de las ciudades. Los vendedores ofrecen sus productos en pequeños puestos. Los artículos son de pequeños productores y normalmente los precios son bajos.

¿Qué es? ……………………………………..

Soluciones:
1. Las tijeras
2. El dinero
3. El bolso
4. El mercado

Escucha la canción y completa los huecos.

Pienso en aquella tarde, Pereza

Yo que soy un animal, que no (1)............................ de nada,
que todo me sale mal.
Te tuve 100 días (2)............................ de mi cama,
no te supe aprovechar

Ando perdido (3)........................... que estás
sola y pude haber sido tu abrigo.
Cuelgo de un hilo, rebaño las sobras
que aún (4)........................... de tu cariño

Yo que me quiero aliviar escribiéndote
un tema diciéndote la (5)...........................
Cumplo condena por ese mal
día haberte dejado marchar.

Yo pienso en aquella (6)...........................
cuando me arrepentí de todo.
Daría, todo lo daría por estar
(7)........................... y no sentirme solo.

A ti que te supo tan mal que yo me encariñara con esa facilidad y me
emborrachara los (8)........................... que tú no tenías que trabajar.

Era un domingo, llegaba después
de tres días comiendo el mundo.
Todo se (9)..........................., dijiste mirándome
que ya no estábamos juntos

Yo pienso en aquella tarde
(10)........................... me arrepentí de todo.
Daría, todo lo daría por estar
contigo y no sentirme (11)...........................

Soluciones: 1 entiendo, 2 dentro, 3 pensando, 4 quedan, 5 verdad, 6 tarde, 7 contigo, 8 días,
9 acaba, 10 cuando, 11 solo.

Traduce las siguientes frases al español

1. This skirt is too short.

....

2. I don't know where are the keys of my room.

....

3. Scissors are dangerous for children.

....

4. I have to buy fruits in the market.

....

5. Can I pay with a credit card?

....

6. My sister wants to buy new gloves.

....

Soluciones:
1. Esta falda es demasiado corta.
2. No sé dónde están las llaves de mi habitación.
3. Las tijeras son peligrosas para los niños.
4. Tengo que comprar frutas en el mercado.
5. ¿Puedo pagar con tarjeta de crédito?
6. Mi hermana quiere comprar unos guantes nuevos.

EL PEQUEÑO RAMONEK

Yo tengo muchísima ropa, a mi mamá le encanta comprarme camisetas bonitas, mi papá piensa que tengo demasiadas cosas y que vamos a necesitar comprar una casa más grande solo para poder guardar mi ropa.

Mi papá tiene la máquina más fantástica del mundo, se llama "impresora". Mágicamente salen papeles con dibujos de dinosaurios, coches y motos, después yo los coloreo con mis lápices de colores.

Cuando nosotros viajamos siempre llevamos muchas cosas, en mi maleta tengo todos mis juguetes y camisetas para sobrevivir durante tres años, mi papá siempre le dice a mi mamá que esto es mucha ropa, pero mi mamá es la jefa de la casa y la discusión termina muy rápido.

Preguntas:

1. A la madre de Ramonek…
a) le queda bien la ropa.
b) le encantan las casas grandes.
c) le gusta muchísimo comprar ropa de niño.

2. Ramonek …
a) pinta los dibujos que su padre imprime.
b) va a clases de dibujo.
c) necesita una impresora nueva.

3. Ramonek…
a) viaja solo.
b) viaja con demasiadas prendas de vestir.
c) discute con sus padres porque quiere llevar juguetes.

Soluciones: 1c, 2a, 3b

Test

1. Utilizo un lápiz para ....
a) hablar   b) escribir   c) comprar   d) correr

2. Para ir a la piscina utilizo un ....
a) bañador   b) gris   c) chaqueta   d) león

3. Tengo que anotar todas las cosas importantes en mi ....
a) borrador   b) tijeras   c) cuaderno   d) bolso

4. Las mujeres utilizan un bolso para .... sus cosas.
a) guardar   b) comer   c) comprar   d) ver

5. El rey y la reina viven en el ....
a) parque   b) castillo   c) iglesia   d) aeropuerto

6. En verano utilizo .... de manga corta.
a) sandalias   b) gafas   c) camisetas   d) botas

7. En la clase de educación física, nosotros .... mucho
a) corremos   b) compramos   c) leemos   d) vemos

8. El avión va a llegar a las 20:00 al .... de Alicante.
a) estación   b) aeropuerto   c) puerto   d) museo

9. Utilizo unas .... de sol para proteger mis ojos.
a) botas   b) camisas   c) faldas   d) gafas

10. Una .... está totalmente rodeada por agua.
a) piscina   b) casa   c) isla   d) playa

Soluciones: 1b, 2a, 3c, 4a, 5b, 6c, 7a, 8b, 9d, 10c

Escucha el Audio 3 en el vídeo de YouTube
"Vocabulario español A1. Spanish listening
practice 2020" y contesta a las siguientes preguntas.

1. El chico...

a) quiere cenar fruta.

b) trabaja en el mercado.

c) está nervioso.

2. Cristina dice que...

a) quiere comprar un cuaderno nuevo.

b) no sabe dónde está su cuaderno de matemáticas.

c) es profesora.

3. En casa de Fran...

a) hay ropa de invierno de Cristina.

b) hay fotos de las vacaciones.

c) se puede comprar una chaqueta.

4. La chica piensa que...

a) no tiene dinero para comprar un coche.

b) viajar a la montaña no es buena idea.

c) su cuaderno puede estar en la estación.

5. Los vestidos de Cristina...

a) son viejos.

b) están dentro de un armario.

c) están en casa de Fran.

6. Finalmente,...

a) Cristina encuentra su cuaderno dentro del armario.

b) Fran va a casa de Cristina para ayudar.

c) Cristina no hace el examen de matemáticas.

Soluciones: 1a, 2b, 3a, 4c, 5b, 6b.

✏ Completa el texto con las palabras que faltan

Hola Alberto,

¿Qué tal tus vacaciones? Yo voy a ir con mi familia (1)........................ la montaña el próximo jueves, mi novia no puede ir este año con nosotros porque tiene (2)........................ trabajar. Vamos a visitar diferentes lugares, nosotros (3)........................ ir a Burgos, allí vamos a alquilar un coche y vamos a ir hacia el norte.

A mi padre le (4)........................ mucho las montañas de Asturias, por eso pasamos allí casi todos los veranos. Es el primer año que mi abuelo no va a ir con nosotros, dice que (5)........................ un poco malo y prefiere no viajar.

1.	A. a	B. en	C. de
2.	A. en	B. que	C. por
3.	A. quieren	B. queréis	C. queremos
4.	A. gustan	B. gusta	C. gusto
5.	A. es	B. está	C. tiene

Soluciones: 1a, 2b, 3c, 4a, 5b.

SOPA DE LETRAS

Busca:

· Tres elementos de ropa

· Tres cosas que están en la clase

· Tres palabras relacionadas con viajes

```
G  U  Q  Q  P  D  A  B  B  A  A  T  Q  U  B  N
M  Z  I  V  I  N  J  P  B  T  E  M  Y  H  O  S
C  P  X  J  Z  J  H  Q  Q  Y  C  W  U  U  L  P
J  Q  Y  Y  A  E  P  X  U  F  R  O  P  L     C
U  T  C  V  R  H  Q  E  E  P  U  I  G  J  G  L
Q  I  U  J  R  C  K  P  D  A  E  E  U  E  R  Y
I  E  U  J  A  A  J  V  U  W  V  V  E  R  A  E
D  U  P  N  O  S  N  L  I  B  R  O  A  Y  F  W
M  A  L  E  T  A  H  P  N  W  Y  H  D  R  O  R
A  L  X  I  O  E  D  X  Y  E  I  K  L  P  L  V
Q  X  R  A  M  U  C  K  C  K  B  Y  A  K  S  T
R  E  C  E  P  C  I  O  N  C  I  Y  C  F  U  K
E  U  L  X  U  D  I  Z  Z  A  P  A  T  O  S  B
N  Q  A  E  R  O  P  U  E  R  T  O  M  T  Q  X
G  A  F  A  S  E  C  A  M  I  S  E  T  A  A  E
F  C  M  B  Y  D  V  I  Z  E  Z  Y  V  R  F  W
```

TECNOLOGÍA

Estudia online, busca en Quizlet.com: *Clase con Ramón tecnología*.
O puedes jugar en tu ordenador, en la web: bit.ly/VTECNOLOGIA.

TELÉFONO · ORDENADOR · RADIO

CABLE · MICRÓFONO · AURICULARES

ALTAVOCES · ANTENA · REDES SOCIALES

BUSCADOR · VIRUS · ANTIVIRUS

RATÓN

TECLADO

PANTALLA

BATERÍA

CARGADOR

NAVEGADORES

CARPETA

CÁMARA DE FOTOS

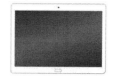

TABLETA

ARROBA

PIRATA

VIDEOJUEGO

DISCO DURO

CORREO ELECTRÓNICO

VÍDEO

VERBOS

DESCARGAR
Hay muchas páginas web para descargar música.

COPIAR
Puedes utilizar Ctrl+C para copiar un texto o un documento.

INSTALAR
Quiero instalar un nuevo programa para editar fotos.

COMPARTIR
Esta foto me gusta mucho, la voy a compartir con mis amigos.

BORRAR
Quiero borrar unos documentos.

GUARDAR
Cuando escribes en Word es importante guardar cada poco tiempo, si no lo haces puedes perder tu trabajo.

· Completa las frases con los siguientes verbos:

> copio, guardo, compartir, descargar, borrar, instalar

1. No está bien ……………….. películas ilegalmente de internet.
2. Tengo que ……………… un antivirus en mi ordenador.
3. Voy a ……………….. las fotos viejas de mi ordenador, ya no las quiero.
4. Yo siempre …………….. los documentos en un USB.
5. Cuando veo una foto que me gusta, la ……………….. y la pego en mi PC.
6. Gracias a las redes sociales es muy fácil ……………… cosas con amigos.

Soluciones: 1 descargar, 2 instalar, 3 borrar, 4 guardo, 5 copio, 6 compartir.

· Completa la tabla:

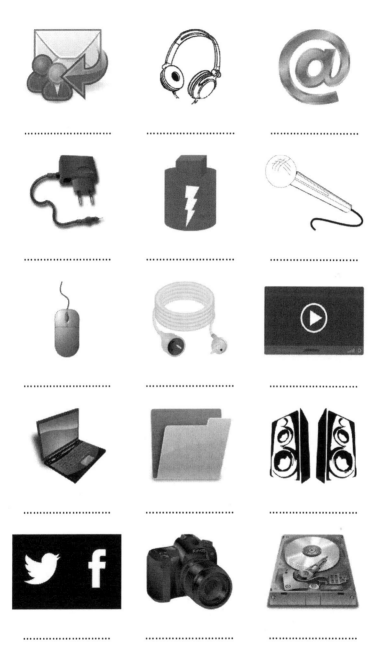

EXPRESIONES

PEDIR LA CLAVE DEL WIFI
¿Me puedes dar la clave del WIFI?

CONECTARSE A INTERNET
No sé cuál es el problema, pero no puedo conectarme a internet.

TENER ESPACIO EN EL DISCO
No puedo instalar nada porque no tengo espacio libre.

HACER UN ANÁLISIS
Debo hacer un análisis para ver si tengo algún virus.

BUSCAR EN INTERNET
Es muy fácil buscar cosas en internet, pero hay que tener cuidado.

PUBLICAR EN REDES SOCIALES
A mi primo le gusta publicar en Facebook todas sus fotos.

ANIMALES

Estudia online, busca en Quizlet.com: *Clase con Ramón animales*.
O puedes jugar en tu ordenador, en la web: bit.ly/VANIMALES.

PERRO	GATO	CABALLO
ELEFANTE	JIRAFA	PEZ
TIBURÓN	PÁJARO	LEÓN
TORTUGA	RATA	RATÓN

BALLENA

HAMSTER

CONEJO

CERDO

VACA

OVEJA

CABRA

COCODRILO

CAMELLO

SERPIENTE

OSO

MOSCA

MOSQUITO

ARAÑA

DINOSAURIO

ZORRO

GALLO

GALLINA

DELFÍN

HIPOPÓTAMO

CANGURO

HORMIGA

ÁGUILA

PAVO REAL

AVISPA

ABEJA

RINOCERONTE

BURRO

CARACOL

PINGÜINO

VERBOS

VOLAR
Los pájaros y los mosquitos pueden volar, pero los cerdos no pueden.

CORRER
Los leones pueden correr a una velocidad de 80 km/hora.

PICAR
Los mosquitos pican, esto no me gusta porque me duele.

MORDER
Tienes que tener cuidado, este perro es agresivo y puede morder.

PASEAR
Si tienes un perro, debes salir a pasear con él al menos dos veces al día.

ESCONDERSE
Es muy difícil ver un zorro en el bosque, siempre se esconden.

· Completa las frases con los siguientes verbos:

pasean, correr, pican, volar, muerde, esconderse

1. Las gallinas tienen alas pero no pueden ....
2. A mi gato le gusta .... debajo de la cama.
3. Me encanta ...., participo en varias carreras.
4. Marta es alérgica a las abejas, si le .... tiene que ir al hospital.
5. Tiene los dientes grandes, si te .... te va a doler.
6. Mis abuelos .... con su perro por el parque.

Soluciones: 1 volar, 2 esconderse, 3 correr, 4 pican, 5 muerde, 6 pasean.

· Completa la tabla:

EXPRESIONES

SER ANIMAL DOMÉSTICO
El perro y el gato son animales domésticos.

SER HERVÍBORO/VEGETARIANO
Los animales pueden ser herbívoros y las personas pueden ser vegetarianas.

TENER BUENA/MALA MEMORIA
Se dice que los peces tienen muy mala memoria, solo recuerdan sus últimos 3 segundos.

VIVIR EN LIBERTAD
Pienso que los animales son mucho más felices cuando viven en libertad, por eso no me gusta ir al zoo.

PONER HUEVOS
Algunos animales ponen huevos, por ejemplo, las gallinas.

CUERPO

Estudia online, busca en Quizlet.com: *Clase con Ramón cuerpo*.
O puedes jugar en tu ordenador, en la web: bit.ly/VCUERPO.

OJOS	PELO	NARIZ
BOCA	LABIOS	DIENTE
LENGUA	OREJA	BRAZO
MANO	PIES	PIERNA

DEDO   BARRIGA   BIGOTE

BARBA   HUESO   CABEZA

CEREBRO   CORAZÓN   PULMONES

UÑA   ESPALDA   ESQUELETO

RODILLA   CULO   CACA

VERBOS

ESCUCHAR
Utilizas las orejas para escuchar.

HABLAR
Utilizas la boca para hablar.

PENSAR
Utilizas el cerebro para pensar.

RESPIRAR
Utilizas los pulmones para respirar.

ANDAR
Utilizas los pies para andar.

OLER
Utilizas la nariz para oler.

· Completa las frases con los siguientes verbos:

hablar, respirar, piensa, andar, escucha, oler

1. Si la casa está cerrada mucho tiempo, puede .... mal.
2. Para .... con el director, primero tenemos que pedir una cita.
3. Los humanos no podemos .... bajo el agua.
4. Mi hermano .... música rock todos los días.
5. Ella .... que Elche es una ciudad muy bonita.
6. El médico dice que debo .... todos los días al menos 3 km.

Soluciones: 1 oler, 2 ver, 3 respirar, 4 escucha, 5 piensa, 6 andar.

· Completa la tabla:

EXPRESIONES

ME DUELE...
Me duele mucho la cabeza desde el pasado martes.

HACER PIPÍ/CACA
Voy al baño un momento, tengo que hacer pipí.

CORTARSE EL PELO/LAS UÑAS
Quiero ir a la peluquería para cortarme el pelo.

HACER UN MASAJE
Me duele la espalda, ¿puedes hacerme un masaje?

OLER BIEN/MAL
El contenedor de basura que está en la calle huele muy mal.

ROMPERSE UN HUESO
Tengo dos huesos rotos, no voy a poder jugar al fútbol en un mes.

EJERCICIOS

 Marca la columna correcta para cada palabra.

	TECNOLOGÍA	ANIMALES	CUERPO
BIGOTE			
RATA			
CARGADOR			
ESPALDA			
LABIOS			
CABLE			
OSO			
HUESO			
ALTAVOCES			
MOSCA			
BRAZO			
PANTALLA			
ABEJA			
OREJA			
ANTENA			

Soluciones:
Tecnología: cargador, cable, altavoces, pantalla, antena.
Animales: rata, oso, mosca, abeja.
Cuerpo: bigote, espalda, labios, hueso, brazo, oreja.

Lee las definiciones y escribe la palabra.

1. Es un animal, vive en la granja, puede ser de color marrón o de color blanco y negro. Con la leche de este animal los granjeros producen quesos y otros productos. También se puede comer su carne.

¿Qué es? ....

2. Es una pequeña parte del cuerpo, es de color blanco, está dentro de la boca, se tienen muchos de ellos. Los niños pequeños tienen unos que pierden y después vuelven a salir. Si te duelen puedes ir al dentista.

¿Qué es? ....

3. Es un elemento de los dispositivos electrónicos, muchos de ellos necesitan esto para funcionar, es el elemento que le da energía a la máquina. Tienes que cargar esto regularmente, si no está cargado no funciona. Los teléfonos móviles, los ordenadores portátiles y los coches eléctricos tienen esto.

¿Qué es? ....

4. Es un animal, es pequeño, le gusta comer queso, vive en las casas viejas, a las personas no les gusta tener estos animales en casa. También puede ser un elemento del ordenador que se utiliza para hacer clic.

¿Qué es? ....

Soluciones:
1. La vaca
2. Los dientes
3. La batería
4. El ratón

Escucha la canción y completa los huecos.

Cuando nadie ve, Morat

Soñé un verano que se hiciera eterno,
desde el (1)............................ en que vi tu mirada.
Me derretiste con esa mirada.
Pero el (2)............................ se volvió un invierno cuando vi que otros
brazos te esperaban. Me congelé mientras yo te esperaba

Y ahora (3)............................ cuál es mi papel,
nos queremos cuando nadie ve.
Las balas perdidas de este amor
(4)............................ no verlas en mi piel

Si me preguntan por ti, diré que es (5)............................ que toda una vida
he soñado contigo. Yo sueño contigo.
Si me preguntan por ti, diré que no es cierto que duele por dentro que
no estés conmigo. Te quiero (6)............................

Te miro, me miras, y el mundo no gira.
Todo (7)............................ mentira

Tú sigues, yo sigo. Es (8)............................ castigo
Fingir que somos amigos.
Y cuando no haya testigos mi vida entera te daré.
(9)............................ nadie ve. Cuando nadie ve

Y ahora entiendo (10)............................ es mi papel,
nos queremos cuando nadie ve.
Las balas (11)............................ de este amor prefiero no verlas en mi piel

---

Soluciones: 1 momento, 2 verano, 3 entiendo, 4 prefiero, 5 mentira, 6 conmigo, 7 parece, 8 nuestro, 9 cuando, 10 cual, 11 perdidas.

Traduce las siguientes frases al español

1. I want to cut my hair.

....

2. I need to charge my phone.

....

3. Birds can fly.

....

4. I have blue eyes.

....

5. My keyboard is broken.

....

6. My cousin´s cat is ill.

....

Soluciones:
1. Quiero cortarme el pelo.
2. Necesito cargar mi teléfono.
3. Los pájaros pueden volar.
4. Tengo los ojos azules.
5. Mi teclado está roto.
6. El gato de mi primo está enfermo.

EL PEQUEÑO RAMONEK

 En este momento tengo dos años y medio. Empiezo a interesarme por los animales, los perros son muy bonitos, siempre que veo uno por la calle quiero jugar con él. Tener animales en casa es lo mejor del mundo, quiero dormir todos los días con un gatito en mi cama, seguro que a mi mamá le gusta mucho la idea.

A mí me gusta mucho ver vídeos en la tableta, pero mis padres no me dejan utilizarla más de quince minutos al día, no entiendo por qué lo hacen, ellos utilizan sus teléfonos más tiempo y yo no digo nada.

Cuando a mi mamá le duele la cabeza yo le hago un masaje, soy un profesional, si a mi papá le duele la espalda salto varias veces encima de su espalda, es una técnica un poco dolorosa, pero nos reímos mucho.

Preguntas:

1. El pequeño Ramonek…
a) no quiere tener animales.
b) quiere pasar las noches con un animal.
c) tiene menos de dos años.

2. Ramonek…
a) no puede usar la tableta más de un cuarto de hora cada día.
b) graba vídeos con sus padres.
c) tiene un teléfono nuevo.

3. A Ramonek…
a) le duele la espalda.
b) le gusta ayudar a sus padres cuando tienen problemas de salud.
c) le gusta saltar cuando le duele la cabeza.

Soluciones: 1b, 2a, 3b

Test

1. El .... es un animal pero también es una parte del ordenador.
a) teclado   b) ratón   c) disco   d) león

2. Si como mucho me duele la ....
a) barriga   b) pierna   c) oreja   d) nariz

3. Voy a la peluquería para cortarme el ....
a) dedo   b) ojo   c) pelo   d) diente

4. Las gallinas ponen ....
a) huevos   b) peces   c) cerezas   d) ajo

5. Los humanos tienen .... piernas.
a) dos   b) tres   c) cuatro   d) veinte

6. Los huesos son de color ....
a) negro   b) blanco   c) azul   d) marrón

7. Las .... viven en el mar.
a) ballenas   b) gallinas   c) vacas   d) cabras

8. En mi ordenador, guardo los documentos en una ....
a) cabeza   b) carpeta   c) pantalla   d) cámara

9. En cada .... tengo cinco dedos.
a) brazo   b) barriga   c) rodilla   d) mano

10. Para escribir en el ordenador utilizamos el ....
a) buscador   b) altavoz   c) teclado   d) ratón

Soluciones: 1b, 2a, 3c, 4a, 5a, 6b, 7a, 8b, 9d, 10c

Escucha el Audio 4 en el vídeo de YouTube "Vocabulario español A1. Spanish listening practice 2020" y di si las siguientes frases son verdaderas (V) o falsas (F).

		V	F
1.	Dice que en su casa hay un ratón que se come el queso		
2.	Los abuelos de la persona que habla viven en la ciudad.		
3.	Los abuelos tienen diferentes animales en su casa.		
4.	La chica dice que su abuelo no puede caminar bien.		
5.	La abuela es mayor que el abuelo.		
6.	En la casa de los abuelos nunca hay dulces.		

1f, 2f, 3v, 4v, 5v, 6f.

SOPA DE LETRAS

Busca:

· Tres partes del cuerpo

· Tres animales

· Tres cosas relacionadas con la tecnología

```
Z  Q  E  Y  E  M  S  Q  P  M  A  N  O  B  V  C
C  A  M  E  L  L  O  Y  A  O  S  C  Y  A  A  A
G  V  G  L  A  Z  M  A  N  T  E  N  A  O  Q  N
R  D  K  Y  V  H  J  O  T  E  A  Q  N  B  N  G
V  E  V  D  C  B  E  Y  A  E  A  X  L  B  C  U
S  B  V  X  Y  E  V  E  L  G  I  E  A  R  E  R
E  M  O  A  L  B  Y  Y  L  I  D  Y  E  E  Y  O
V  T  R  F  K  H  L  E  A  M  M  P  O  K  A  A
G  W  E  V  F  L  H  U  E  S  O  X  D  L  F  I
C  U  J  N  E  Q  G  S  E  I  W  B  W  V  B  U
M  K  A  Z  I  L  L  A  M  E  Z  S  E  S  E  I
C  U  Q  X  B  A  W  M  N  P  D  V  U  A  K  Z
A  I  N  E  Z  O  A  G  Z  H  S  M  L  U  C  S
G  L  E  Q  F  J  D  B  B  Q  U  S  M  P  P  C
V  A  C  A  O  E  Y  B  C  K  S  T  W  U  M  V
T  E  C  L  A  D  O  U  I  Y  O  E  G  J  E  A
```

CLIMA

Estudia online, busca en Quizlet.com: *Clase con Ramón clima*.
O puedes jugar en tu ordenador, en la web: bit.ly/VCLIMA.

VERANO	OTOÑO	INVIERNO
PRIMAVERA	SOL	NUBES
LLUVIA	NIEVE	VIENTO
CALOR	FRÍO	HIELO

TORMENTA

RAYO

HURACÁN

NIEBLA

ARCOÍRIS

PLANETA

ESTRELLA

LUNA

GRANIZO

GRADOS CELSIUS

GRADOS FAHRENHEIT

SEQUÍA

HUMEDAD

OLAS

TERMÓMETRO

VERBOS

LLOVER
Cuando llueve necesitas un paraguas.

NEVAR
En los meses de invierno nieva mucho.

CONGELAR
Cuando hace mucho frío, el agua se congela y se convierte en hielo.

GRANIZAR
Cuando graniza, caen bolas hielo del cielo.

SECAR
Cuando no llueve mucho tiempo, la tierra se seca.

SOPLAR
El viento sopla con fuerza.

· Completa las frases con los siguientes verbos:

sopla, graniza, congelar, secar, nieva, llover

1. Cuando ………………….. mucho, todo el paisaje está de color blanco.
2. La niña ……………… las velas de la tarta de cumpleaños.
3. La pista de fútbol está mojada, no para de …………………..
4. Cuando …………….. se pueden romper los cristales de los coches.
5. Hace mucho frío, si dejas el agua fuera, se puede …………………..
6. El secador es una máquina que se utiliza para ……………….. el pelo.

Soluciones: 1 nieva, 2 sopla, 3 llover, 4 graniza, 5 congelar, 6 secar.

· **Completa la tabla:**

EXPRESIONES

HACER FRÍO/CALOR
En verano hace calor y en invierno hace frío.

SUBIR/BAJAR LA TEMPERATURA
Por las noches, la temperatura baja mucho.

HACER SOL
Hoy hace sol. ¡Vamos a la playa!

UN DÍA SOLEADO/NUBLADO
Los días nublados son perfectos para jugar al tenis.

HABER NIEBLA
Hoy hay mucha niebla, no se puede ver nada.

ESTAR LLOVIENDO/NEVANDO
Está lloviendo, creo que nos quedamos en casa y vemos una película.

ADJETIVOS

Estudia online, busca en Quizlet.com: *Clase con Ramón adjetivos*.
O puedes jugar en tu ordenador, en la web: bit.ly/VADJETIVOS.

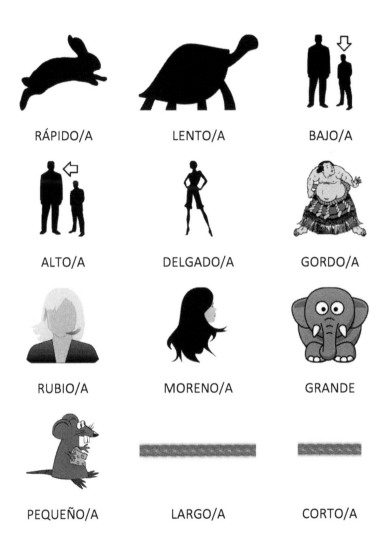

RÁPIDO/A	LENTO/A	BAJO/A
ALTO/A	DELGADO/A	GORDO/A
RUBIO/A	MORENO/A	GRANDE
PEQUEÑO/A	LARGO/A	CORTO/A

BUENO/A

MALO/A

CARO/A

BARATO/A

FEO/A

GUAPO/A

REDONDO/A

CUADRADO/A

INTELIGENTE

CLARO/A

OSCURO/A

RICO/A

POBRE

VIEJO/A

NUEVO/A

FUERTE

DÉBIL

PESADO/A

LIGERO/A

FELIZ

TRISTE

ENFADADO/A

BORRACHO/A

ENAMORADO/A

VACÍO/A

LLENO/A

ENFERMO/A

ROTO/A

VERDADERO/A

FALSO/A

VERBOS

ENFADARSE
Mi amigo Marcos se enfada muy fácilmente.

EMBORRACHARSE
Marta se emborracha siempre que sale de fiesta.

PESAR
Un litro de agua pesa un kilo.

ENAMORARSE
Marcos se enamora cuando ve a una chica alta y guapa.

ADELGAZAR
Quiero adelgazar, es decir, perder peso.

ROMPER
El cristal de mala calidad se rompe fácilmente.

· Completa las frases con los siguientes verbos:

emborracharme, rompe, pesa, se enfada, se enamora, adelgazar

1. ¿Qué .... más? ¿Un kilo de papel o un kilo de metal?
2. Hoy yo no bebo alcohol porque no quiero ....
3. Ana está a dieta porque quiere ....
4. El ladrón .... la ventana y roba el coche.
5. El profesor .... cuando los niños no escuchan en clase.
6. Romeo .... de Julieta y le dice que la ama.

Soluciones: 1 pesa, 2 emborracharme, 3 adelgazar, 4 rompe, 5 se enfada, 6 se enamora.

· **Completa la tabla:**

EXPRESIONES

SER RÁPIDO/LENTO
El primo de mi amigo Luis es muy rápido.

ESTAR ENFADADO
El papá de Carlos está enfadado porque su hijo se porta mal.

NO FUNCIONAR
El ordenador está roto, no funciona.

TENER EL PELO LARGO/CORTO, RUBIO/MORENO
Eva tiene el pelo largo y moreno.

SER RICO
El presidente de Google tiene mucho dinero, es rico.

ESTAR RICO
La sopa de este restaurante está muy rica, te la recomiendo.

FIESTAS

Estudia online, busca en Quizlet.com: *Clase con Ramón fiestas.*
O puedes jugar en tu ordenador, en la web: bit.ly/VFIESTAS.

REYES MAGOS	PAPA NOEL	TRINEO
ESTRELLA FUGAZ	FUEGOS ARTIFICIALES	ÁRBOL DE NAVIDAD
CAMPANA	ÁNGEL	RENO
MUÑECO DE NIEVE	MÁSCARA	DISFRAZ

GUITARRA

DULCES

VELA

GLOBOS

FLORES

BOTELLA

CHUPITO

COPA DE VINO

BANDA DE MÚSICA

LUCES

FERIA

REGALO

MAQUILLAJE

SORPRESA

MAGIA

VERBOS

CELEBRAR
El próximo fin de semana yo celebro mi cumpleaños.

INVITAR
Quiero invitar a todos mis primos a la fiesta.

REGALAR
A Marta le voy a regalar un libro y a Pedro una pelota.

DISFRUTAR
Seguro que si vamos a la fiesta los niños van a disfrutar mucho.

BRINDAR
Levantad vuestras copas, vamos a brindar por los novios.

DISFRAZARSE
En carnaval nos vamos a disfrazar de piratas.

· Completa las frases con los siguientes verbos:

brindar, invitar, regalar, celebrar, disfrutar, disfrazar

1. Voy a escribir un email para .... a mis amigos a la fiesta.
2. Me voy a .... de fantasma en Halloween.
3. Antes de beber, vamos a .... con los chupitos.
4. Me gusta .... libros por Navidad, leer es bueno para la gente.
5. José va a .... muchísimo en la feria, le encanta.
6. Este año no quiero .... mi cumpleaños, no me siento bien.

Soluciones: 1 invitar, 2 disfrazar, 3 brindar, 4 regalar, 5 disfrutar, 6 celebrar.

· **Completa la tabla:**

EXPRESIONES

APAGAR/ENCENDER LAS LUCES
¿Puedes encender las luces del árbol de Navidad?

TOCAR INSTRUMENTOS DE MÚSICA
Yo toco el piano y mi primo toca el violín.

PASARLO BIEN
Siempre que me reúno con mi familia lo pasamos muy bien.

SALIR DE FIESTA
En España, mucha gente sale de fiesta hasta muy tarde.

BEBER DEMASIADO
No me gusta salir con Fran, él bebe demasiado y se pone muy borracho.

DECORAR EL ÁRBOL DE NAVIDAD
En mi familia, siempre decoramos el árbol de Navidad juntos.

EJERCICIOS

 Marca la columna correcta para cada palabra.

	CLIMA	ADJETIVOS	FIESTAS
SORPRESA			
LLUVIA			
GLOBOS			
ALTO			
MAQUILLAJE			
VIEJO			
VIENTO			
LIGERO			
CLARO			
DISFRAZ			
MALO			
TORMENTA			
REGALO			
FUERTE			
NIEBLA			

Soluciones:
Clima: lluvia, viento, tormenta, niebla.
Adjetivos: alto, viejo, ligero, claro, malo, fuerte.
Fiestas: sorpresa, globos, maquillaje, disfraz, regalo.

Lee las definiciones y escribe la palabra.

1. Se pueden ver en el cielo por las noches, especialmente cuando no hay nubes, hay muchas de ellas. Son de color amarillo. El sol es una de ellas. También hay un animal que vive en el mar y tiene este nombre.

¿Qué es? ....

2. Es un hombre muy simpático, es viejo y un poco gordo. Tiene el pelo, la barba y el bigote de color blanco. Todos los años, durante la Navidad, lleva regalos para los niños buenos. Vive en el Polo Norte y tiene un trineo mágico que puede volar.

¿Quién es? ....

3. Es un adjetivo, se puede utilizar para decir que una persona tiene mucho dinero, también se usa para decir que una comida está muy buena.

¿Qué es? ....

4. Son unas cosas pequeñas que se pueden comer, hay de diferentes sabores, por ejemplo, de fresa, de naranja o de limón. A los niños les gustan mucho, pero tienen demasiado azúcar y no son buenos para la salud.

¿Qué son? ....

Soluciones:
1. La estrella
2. Papa Noel
3. Rico
4. Los dulces

Escucha la canción y completa los huecos.

Mi gran noche, Raphael

Hoy para mí es un día (1)............................ hoy saldré por la noche.
Podré vivir lo que el (2)............................ nos da cuando el sol ya se
esconde.
Podré cantar una dulce canción a la luz de la Luna y acariciar y
(3)............................ a mi amor como no lo hice nunca.

Que pasará, que misterio habrá, puede ser mi gran noche y al
(4)............................ ya mi vida sabrá algo que no conoce.

Caminaré abrazado a mi amor por las (5)............................ sin
rumbo, descubriré que el amor es mejor cuando todo está oscuro y sin
hablar nuestros pasos irán a buscar otra (6)............................ que se
abrirá como mi corazón cuando ella se acerca.

Que pasará, que misterio habrá puede ser mi gran (7)............................ y
al despertar ya mi vida sabrá algo que no conoce.

Será, será esta noche ideal que ya nunca se (8)............................, podré
reír, soñar y bailar disfrutando la vida.
Olvidaré la tristeza y el mal y las penas del mundo y escucharé los
(9)............................ cantar en la noche sin rumbo.

Que pasará, que (10)............................ habrá puede ser mi gran noche y al
despertar ya mi vida sabrá algo que no conoce.
Que pasará, que misterio habrá puede ser mi gran noche
Que pasará, que misterio habrá puede ser mi gran noche.

Soluciones: 1 especial, 2 mundo, 3 besar, 4 despertar, 5 calles, 6 puerta, 7 noche, 8 olvida, 9
violines, 10 misterio.

✐ Traduce las siguientes frases al español

1. I don't like the snow.

....

2. Fran opens a bottle of champagne.

....

3. Marta is taller than Julia.

....

4. In summer is very hot.

....

5. The bottle is empty.

....

6. I have a gift for you.

....

Soluciones:
1. No me gusta la nieve.
2. Fran abre una botella de champán.
3. Marta es más alta que Julia.
4. En verano hace mucho calor.
5. La botella está vacía.
6. Yo tengo un regalo para ti.

EL PEQUEÑO RAMONEK

 Me encantan las fiestas, cada fin de semana nos reunimos con la familia o con amigos y nos divertimos mucho. Mi cumpleaños es en octubre, es el mejor día del año para mí, no entiendo por qué solo puedo tener un cumpleaños cada año.

Mi mamá es la chica más guapa del mundo, es alta, rubia y tiene el pelo largo y liso, sus ojos son azules, como el mar. Yo soy muy rápido, siempre voy corriendo por la calle, mi papá tiene miedo porque hay coches en la calle y, normalmente, corre detrás de mí.

Yo vivo en Polonia, aquí hace mucho frío y, en los meses de invierno, normalmente hay nieve. Paso los veranos en España con mi familia, son unas vacaciones perfectas.

Preguntas:

1. El pequeño Ramonek…
a) odia su cumpleaños.
b) celebra su cumpleaños varias veces al año.
c) celebra su cumpleaños en otoño.

2. Ramonek…
a) piensa que su mamá es hermosa.
b) es más guapo que su madre.
c) va lentamente por la calle.

3. Ramonek…
a) dice que en enero nieva en Polonia.
b) va de vacaciones con sus amigos o solo.
c) pasa calor en invierno.

Soluciones: 1c, 2a, 3a

Test

1. En una tienda de cosméticos puedes comprar ………………

a) faldas   b) maquillaje   c) cables   d) lluvia

2. Las jirafas tienen el cuello muy ………………

a) corto   b) largo   c) gordo   d) rápido

3. Cuando hay tormenta, llueve mucho y en el cielo se ven ………………

a) rayos   b) olas   c) estrellas   d) peces

4. Los Reyes Magos tienen ………………

a) ovejas   b) caballos   c) camellos   d) cerdos

5. Una chica con el pelo amarillo es ………………

a) pequeña   b) larga   c) morena   d) rubia

6. No puedes andar sin zapatos, en el suelo hay cristales ………………

a) largos   b) nuevos   c) limpios   d) rotos

7. Hay nieve, hace -1 °C, ponte la chaqueta que hace mucho ………………

a) rayo   b) frío   c) granizo   d) calor

8. Una persona que no tiene dinero es ………………

a) vieja   b) alegre   c) pobre   d) rica

9. Después de llover, en el cielo se puede ver el ………………

a) arcoíris   b) viento   c) hielo   d) árbol

10. En la tarta de cumpleaños hay ………………

a) renos   b) campanas   c) velas   d) hielo

Soluciones: 1b, 2b, 3a, 4c, 5d, 6d, 7b, 8c, 9a, 10c

Escucha el Audio 5 en el vídeo de YouTube "Vocabulario español A1. Spanish listening practice 2020" y contesta a las siguientes preguntas.

1. La chica dice que...

a) en primavera nieva mucho.

b) le gusta la primavera.

c) odia la primavera.

2. En primavera...

a) llueve, pero no hace frío.

b) las flores se mueren.

c) es el cumpleaños de Alberto.

3. En Semana Santa...

a) Papá Noel trae regalos.

b) se bebe mucho vino.

c) la chica va a visitar a su novio.

4. Alberto...

a) es mayor que su novia.

b) es más alto que su novia.

c) es más bajo que su novia.

5. La chica...

a) quiere celebrar su cumpleaños en casa con amigos.

b) quiere viajar el día de su cumpleaños.

c) vive en Cádiz.

6. En Cádiz...

a) No hay playa.

b) El viento es muy fuerte.

c) Viven los amigos de Alberto.

Soluciones: 1b, 2a, 3c, 4b, 5a, 6b.

SOPA DE LETRAS

Busca:

· Tres cosas relacionadas con el clima

· Tres adjetivos

· Tres cosas relacionadas con las fiestas

```
F  E  E  U  I  H  A  I  B  T  E  A  T  C  E  D
S  C  J  Q  Q  D  M  L  O  Y  Y  C  O  E  C  I
V  E  R  D  A  D  E  R  O  H  E  I  R  O  W  S
L  E  Y  X  Y  H  Z  G  N  D  C  A  M  K  R  F
Q  F  Y  Z  E  U  K  Y  A  N  R  E  E  S  E  R
E  R  E  Z  A  R  Y  E  P  P  O  A  N  A  Z  A
E  N  F  A  D  A  D  O  E  I  Z  N  T  E  U  Z
C  N  N  D  S  C  E  I  E  W  J  R  A  I  X  S
H  H  O  Y  K  A  H  E  X  L  V  A  C  I  O  O
U  M  A  E  V  N  S  N  C  O  L  E  M  Y  Q  R
P  D  H  H  U  M  E  D  A  D  E  U  J  U  A  P
I  W  E  X  J  B  A  H  Y  J  D  N  P  M  I  R
T  U  B  X  I  B  T  E  Q  O  M  A  Z  K  T  E
O  Q  B  I  Q  X  Y  I  P  W  N  D  I  N  K  S
N  P  B  Y  Y  R  O  K  O  U  X  E  E  E  O  A
A  O  I  E  A  C  K  Z  O  I  X  E  Y  Q  E  T
```

EXAMEN GENERAL

1. Los tomates son de color………………..
a) azul   b) rojo   c) marrón   d) gris

2. El avión es más ……………… que el barco.
a) rápido   b) lento   c) guapo   d) tonto

3. Me gusta beber ………………..
a) conejo   b) vaca   c) leche   d) jamón

4. Para hervir pasta utilizamos una ………………..
a) sartén   b) silla   c) cuchara   d) olla

5. Para dormir utilizamos una ………………
a) silla   b) cama   c) puerta   d) ventana

6. Voy a ……………… en la piscina.
a) comprar   b) correr   c) bañarme   d) salir

7. El póker es un juego de ………………..
a) estadio   b) lámpara   c) ratón   d) cartas

8. Una pelota es ………………..
a) redonda   b) cuadrada   c) pájaro   d) impresora

9. En el mar hay ………………..
a) pantallas   b) espejos   c) olas   d) ratones

10. La lengua está en la ………………..
a) naranja   b) pierna   c) espalda   d) boca

11. El ……………… está en la iglesia.
a) cura   b) rápido   c) camión   d) astronauta

12. Un hombre de 90 años es ………………..
a) joven   b) teclado   c) camello   d) viejo

13. Una película de cuatro horas es ………………..

a) larga　　　　　b) astronauta　　　　　c) carretera　　　　d) corta

14. Puedes poner los libros en la ………………

a) noventa　　　　b) ventana　　　　　c) estantería　　　d) falda

15. Las ……………… de sol protegen los ojos en verano.

a) orejas　　　　　b) estrellas　　　　　c) sandalias　　　d) gafas

16. Utilizo una ……………… para limpiar la casa.

a) aspiradora　　　b) cerveza　　　　　c) sandía　　　　d) silla

17. Llevo los libros de la escuela en la ………………..

a) oreja　　　　　b) papelera　　　　　c) mochila　　　　d) olla

18. Las rosas, las margaritas y los tulipanes son ………………..

a) gatos　　　　　b) flores　　　　　　c) adjetivos　　　d) altas

19. Mi email es: ramondiezgalan ……………… gmail punto com.

a) arroba　　　　　b) alfombra　　　　　c) nadar　　　　d) reno

20. En invierno utilizo ……………… en mis manos.

a) botas　　　　　b) faldas　　　　　　c) guantes　　　d) gorra

¿En qué lugar se dicen las siguientes cosas?

21	Lo siento mucho, hoy no tenemos pescado. Pero les recomiendo la sopa de calabaza, está deliciosa.	
22	Pasajeros del vuelo con destino Alicante, el avión les espera en la puerta 54.	
23	Mira, el entrenador les dice a los jugadores que tienen que correr más.	
24	No tengo los deberes, lo siento mucho. ¿Voy a poder hacer el examen del próximo martes?	
25	Disculpe, ¿cuánto cuesta el billete hasta la parada de la calle Mayor?	

A. En un aeropuerto.

B. En la estación de autobuses.

C. En la escuela.

D. En un restaurante.

E. En un estadio de fútbol.

Elige la respuesta correcta:

26		Marta es cocinera, trabaja desde hace quince años. Siempre lleva su uniforme de trabajo y un gorro blanco. Es rubia y tiene la nariz un poco grande.
27		Cristina estudia en la universidad, lleva zapatos de tacón, pantalones largos y una blusa de manga larga. Tiene el pelo moreno y largo.
28		María es joven y vive con sus amigas, tiene el pelo largo y liso. Lleva un vestido muy bonito. No le gusta usar zapatos ni calcetines cuando está en su casa.
29		Eva es profesora en una escuela, tiene el pelo corto. Normalmente utiliza gafas para leer. Lleva zapatos de tacón, una falda corta, una camisa blanca y una chaqueta elegante.

Elige la respuesta correcta, hay un texto de más:

A	**Restaurante "La hamburguesa feliz"** Los precios más bajos, las mejores hamburguesas y patatas fritas. Descuentos especiales para grupos de más de cuatro personas. Al lado de la estación de autobuses. Abierto todos los días de 12:00 a 23:00.
B	**Restaurante "El cerdito"** Restaurante con todos los tipos de carne: de cerdo, de ternera, de pollo, de pavo, de conejo, etc. Nuestros platos son de excelente calidad. En el centro de la ciudad, junto a la plaza Mayor. Abierto de lunes a viernes, de 11:00 a 16:00 y de 20:00 a 00:00.
C	**Pizzería "El pequeño italiano"** Auténticas pizzas italianas, de todos los sabores y colores. Salsas picantes hechas por nuestro cocinero Luigi. En la autovía A1, a 15 kilómetros de la ciudad de Alicante y 20 kilómetros del aeropuerto. Abrimos los viernes, sábados y domingos de 08:00 a 23:30.
D	**Restaurante "Dos zanahorias"** Restaurante vegetariano para amantes de la comida sana y tradicional. Todos nuestros platos están hechos con verduras ecológicas. De lunes a viernes tenemos menú del día. Abierto solo a mediodía.

30	Es para personas que no comen carne.	
31	Puedes comer barato en este lugar.	
32	No puedes ir a comer el fin de semana.	

Escucha el Audio 6 en el vídeo de YouTube "Vocabulario español A1. Spanish listening practice 2020" y di si las siguientes frases son verdaderas (V) o falsas (F).

		V	F
33.	Raúl no tiene nada de carne.		
34.	El peso de las patatas es de aproximadamente 1 kg.		
35.	Van a comer bocadillos vegetarianos.		
36.	La prima de Ana trabaja en una tienda de ropa.		
37.	Raúl va a hacer deporte por la tarde.		
38.	Por la noche van a ver una película.		

SOLUCIONES DEL EXAMEN

Soluciones: bañera, patines, pera, monja, oreja, auriculares, esquiar, reloj, bajo, flores, lluvia, juez, tijeras, paraguas, zapatos, 1b, 2a, 3c, 4d, 5b, 6c, 7d, 8a, 9c, 10d, 11a, 12d, 13a, 14c, 15d, 16a, 17c, 18b, 19a, 20c, 21d, 22a, 23e, 24c, 25b, 26d, 27b, 28c, 29a, 30d, 31a, 32b, 33v, 34v, 35f, 36f, 37v, 38v.

LIBROS QUE TE PUEDEN INTERESAR

 "NUEVO DELE A1", cuaderno de ejercicios para preparar la prueba de español DELE A1. Incluye tres modelos completos del examen, ejercicios de preparación, consejos, audios y soluciones.

 "Nuevo DELE A2", es un manual para preparar el examen de español DELE A2, contiene 4 modelos completos del examen, soluciones, consejos y ejercicios de vocabulario.

 "Nuevo DELE B1", es un manual para preparar el examen de español DELE B1, contiene 4 modelos completos del examen, soluciones, consejos y ejercicios de vocabulario.

 "Nuevo DELE B2", manual para preparar el examen de español DELE B2, contiene 4 modelos completos del examen, soluciones, audios, consejos y ejercicios de vocabulario.

 "SIELE, preparación para el examen" es un libro de ejercicios para practicar la prueba de español SIELE, también sirve para preparar el DELE pues las tareas son muy similares. Este libro puede ser interesante para profesores ya que contiene muchos ejercicios como los exámenes oficiales.

 "24 horas, para estudiantes de español" es una novela criminal adaptada para estudiantes, con una gramática muy sencilla que se puede entender sin problemas a partir del nivel A2 en adelante. Contiene aclaraciones de vocabulario, ejercicios y un juego de pistas.

 "La prisión: elige tu propia aventura" es una novela para los estudiantes de nivel más avanzado. Tiene 31 finales diferentes a los que llegaremos tomando diferentes decisiones. El objetivo es escapar de la prisión.

"Hermes 2, para practicar el subjuntivo" es una novela de ciencia ficción para estudiantes de español. Leyendo las aventuras de la tripulación de una moderna nave espacial, podrás practicar los diferentes tiempos del modo subjuntivo.

 "Materiales para las clases de español" cientos de recursos que los profesores pueden utilizar en sus clases. Ejercicios de todo tipo y para todos los niveles, tanto para clases individuales como para grupos.

 "Conversación, para las clases de español" es un libro para profesores de español con multitud de ejercicios de expresión oral. Un manual con debates, situaciones de rol, ejercicios de exámenes, juegos y mucho más.

 "Spanish for Business", es un manual para todas aquellas personas que utilizan la lengua española en su trabajo. El libro incluye un modelo completo.

MUCHAS GRACIAS

A todas las personas que han colaborado para hacer posible la publicación de este libro:

Agata Łuczyńska   Araceli Marques

Alba Hernaiz   Montse Fortanya

Francisco Pardines

En esta última página también quiero darte las gracias a ti por comprar mi libro, si el libro te ha ayudado a mejorar tu español yo soy feliz ☺

Si tienes cualquier pregunta, puedes ponerte en contacto conmigo, estoy encantado de ayudarte.

Mi dirección de email es: ramondiezgalan@gmail.com

Si puedes dejar un comentario sobre el libro en la página web donde lo has comprado me ayudas muchísimo ☺ Además, si me envías a mi email el enlace al comentario que has dejado en la web donde has comprado el libro o una captura de pantalla del comentario, te envío un regalito ;)

PARA MÁS CONTENIDO GRATUITO, ÚNETE A LA
COMUNIDAD DE INSTAGRAM:
EL SEMÁFORO ESPAÑOL

Printed by Amazon Italia Logistica S.r.l.
Torrazza Piemonte (TO), Italy